¿Listos? ¡CLIC!

por Caren B. Stelson

ilustrado por Sandra Shap

Scott Foresman

Oficinas editoriales: Glenview, Illinois • New York, New York
Ventas: Reading, Massachusetts • Duluth, Georgia
Glenview, Illinois • Carrollton, Texas • Menlo Park, California

Dejen de trabajar.
Dejen de estudiar.
Ya llegó la hora de recreo
y de diversión.
Lleven su cámaras.
¡Vamos!

¿Qué vamos a ver?
¿Animales? ¿Pájaros? ¿Peces?
¿Personas?

¡Vamos!

¡Elefantes! ¿Qué saben sobre los elefantes?

¿Sabían que los elefantes toman baños? Sí, ¡baños de lodo!

¿Qué les parece una foto? Saquen sus cámaras. ¿Listos? ¡Clic!

Sigue nuestro viaje. ¡Vamos!

Miren allí. ¡Jirafas! ¿Qué saben sobre las jirafas?
La lengua de las jirafas es muy larga.

¿Qué tal una foto?
¿Listos? ¡Clic!

Sigue nuestro viaje.
¡Vamos!

¡Qué suerte! Hay un rinoceronte. ¿Qué saben sobre los rinocerontes?

¿Sabían que los rinocerontes tienen tres dedos en cada pata?

¿Qué tal una foto?
¡Listos? ¡Clic!

Sigue nuestro viaje.
¡Vamos!

¡Silencio! ¡Leones! ¿Qué saben sobre los leones?

El león duerme hasta 20 horas al día. Se despierta para comer y después sigue durmiendo.

¿Qué tal una foto?
Saquen la cámara.
¿Listos? ¡Clic!

Sigue nuestro viaje.
¡Vamos!

Miren allá en el río. Hay hipopótamos. Se sumergen en el agua para protegerse del sol.

¿Qué tal una foto?
¿Listos? ¡Clic!

Sigue nuestro viaje.
¡Vamos!

Miren las cebras.

¿Saben por qué tienen rayas las cebras?

Algunos creen que las rayas ayudan a las cebras a reconocer a sus amigas.

¿Qué creen ustedes?

Hay tiempo para la última foto. ¿Listos? ¡Clic! ¡No puedo esperar hasta nuestro próximo viaje!

¡Nos vemos!